감정을 돌볼 수 있어야
삶의 주인으로 살 수 있습니다

◆ ◆ ◆

어른의 감정을 돌보는
100일 필사 노트

어른의 감정을 돌보는
100일 필사 노트

김종원 지음

100 Days of Transcription

자신의 감정을 돌볼 줄 아는 사람은
흔들리지 않는다

사람의 인생을 가장 강하게 흔드는 것은 환경이나 상황이 아니라, 다루지 못한 감정이다. 부정적인 감정을 내면에 오래 담아두고 사는 사람은 숨을 쉬는 동안 내내 스스로를 조금씩 소모하며 살아가게 된다. 감정이 흐트러지면 기분은 쉽게 가라앉고, 기분이 무너지면 태도까지 거칠어진다. 그렇게 삶의 결이 서서히 무너진다. 삶이 괴로운 이유는 분명한데 어디에 가서 이 고통을 제대로 설명하지 못할 때, 사람은 더 깊이 가라앉는다. 이제는 그 지긋지긋한 상태와 이별할 시간이다.

먼저 이 사실부터 기억하자. 감정은 누군가가 내게 주는 것이 아니라, 내가 스스로 만든 것이다. 기분 역시 마찬가지다. 하루를 어떤 기분으로 보내느냐는 대부분 나의 선택이다. 그리고 그 선택들이 쌓여 태도가 된다. 그래서 자기 삶을 비교적 평온하고 단단하게 유지하는 사람들은 감정을 억누르지 않는다. 대신 감정을 바라보고, 기분을 정돈하고, 태도를 선택할 줄 안다. 다시 말해 감정은 내가 매일 빚어온 마음의 조각이고, 기분은 그 조각이 드러나는 표정이며, 태도는 그것을 삶으로 옮긴 것이다.

세상에 가치 없거나 불필요한 감정은 없다. 우울함도, 불안도, 분노도 모두 이유 없이 찾아오지 않는다. 다만 그것을 어떻게 대하느냐에 따라 삶의 방향은 전혀 달라진다. 세상에서 가장 지적인 사람은 감정 하나하나로부터 배우고, 기분의 흐름을 읽으며, 태도를 스스로 조율할 수 있는 사람이다. 인생은 결국 수많은 감정과 기분, 그리고 태도의 연속이기 때문이다.

이 책은 당신이 더욱더 좋은 선택을 하는 데 도움이 되고자 쓰여졌다. 사는 나날을 조금 더 단정하게, 조금 더 다정하게 살아가고 싶다면 지금부터 이 문장들을 천천히 따라가 보자.

김종원

✦ 차례 ✦

분노하고 소리 지르는 삶을 멈춰야 하는 이유

갑자기 소리를 지르며

분노를 터뜨리는 행동이 좋지 않은 이유는,

그 행동이 진짜 화에서 비롯된 것이 아니라

분노라는 힘을 빌려 상황을 뒤집고

상대를 제어하려는 의도에서

나오는 경우가 많기 때문이다.

자신의 마음을 제대로 전달하고 싶다면

소리를 높이기보다 차분하게 말로 전해야 한다.

분노라는 거친 감정의 힘에 계속 의지하면

어휘와 표현은 점점 메말라 수준이 낮아지고,

결국 자신의 마음을 전하는 방법을 잊게 된다.

현재의 나는 지금까지 쌓아온 마음의 합이다

자신에게 축하할 만한 일이 생겼을 때

모두 내가 잘해서 얻은 결과라며

공을 자신에게만 돌리는 사람이 있고,

함께해 준 이들 덕분이라 말하며

공을 주변 사람들과 나누는 사람도 있다.

반대로 견디기 힘든 일이 닥쳤을 때

"왜 하필 나야?"라고 말하며

마음이 거칠어지는 사람이 있는가 하면,

"왜 나여야 했을까?"라고 되묻고

지금까지 나를 지탱해 준 사람들을

떠올리는 사람도 있다.

내 마음은 내가 선택한 태도로 채워진다.

마음이라는 스케치북에

지금 무엇을 그리고 있는지 생각해 보자.

행복은 조건이 없다

"이 문제를 해결해야
나는 행복해질 수 있을 거야"
마음을 이렇게 설정하면
행복은 늘 다음으로 미뤄진다.
삶의 문제란 모습을 바꾸며
끊임없이 나타나기 때문이다.

"이 문제가 남아있어도 나는 여전히 행복해"
이렇게 현재의 자신을
조건 없이 바라볼 수 있을 때
행복은 삶 속에 자연스럽게 스며든다.
행복은 어떤 조건의 끝이 아니라
지금의 나를 받아들이는 태도 속에서
조용히 피어오른다.

고민이 많다는 건 잘 살고 있다는 증거다

누구와도 접촉하지 않고 사는 사람에게는

고민도 생기지 않는 법이다.

고민은 관계의 가장 선명한 증거다.

내게 고민이 점점 늘어난다는 건

만나는 사람의 범위가 넓어진다는 신호다.

하는 일이 많아져서 만날 사람이 많고,

가슴 속 멋진 꿈을 나눌 사람도 많아진 것이다.

고민이 많다는 건 축하할 일이다.

고민이 주는 기분 좋은 답답함에서

벗어나려고 하거나 회피하지 말자.

고민은 마음이라는 밭에 뿌린 꽃씨와 같으니

답답한 시간이 지나면 모든 것이

더 아름답게 피어날 것이다.

나이가 들면 후회를 조심해야 한다

나이가 들면 세상을 보는 눈이

바다처럼 넓고 깊어진다.

그러다가도 문득 과거의 삶을 돌아보며

후회가 생길 수도 있다.

"돌아가면 더 잘할 수 있을 것 같은데."

"왜 그때는 그런 선택을 했을까."

하지만 그 시절의 나는

그때 가진 조건과 마음 안에서

최선의 선택을 했고,

그 선택으로 오늘까지 살아왔다.

지나간 선택을 후회하기보다

그 경험을 통해 얻은 지혜로

지금의 일상을 채워보자.

의도적으로 흘리는 눈물에는
최악의 의도가 있다

의도적으로 눈물을 흘리는 모습을 보이며

자신이 원하는 것을 쉽게 가져가고,

동시에 아무런 잘못 없는 주변 사람들을

나쁜 존재로 만드는 사람이 있다.

자연스럽게 흐르는 눈물과는 다르게

의도적으로 흘리는 눈물에는

이기심이 녹아있으니,

원하는 순간 교묘하게 감정을 조절해서

눈물과 함께 무언가를 가져가려는 사람이

주변에 있다면 빠르게 벗어나야 한다.

나는 내 현실을 다시 해석할 수 있다

부모님의 도움을 받지 못해서,

친구를 잘못 만나서,

시대가 나를 도와주지 않아서.

이런 말들은 실패를 설명하려는 마음에서 나온다.

하지만 그 설명이 내 행동을 멈춰 세운다면

다른 태도가 필요하다.

같은 현실이라도 어떤 시선으로 바라보느냐에 따라

의미는 전혀 달라진다.

부모님의 도움을 받지 못해 자립심을 얻었고,

사람을 잘못 만나 사람을 보는 눈을 길렀으며,

시대가 쉽지 않았기에 도전하는 태도를 배웠다.

나는 내 현실을 다시 해석할 수 있다.

마음이 단단해질수록 삶은 더욱 탄탄해진다.

"지금 나 무시하는 거야?"라는 말이 나쁜 이유

무시당했다는 감정은 내가 나 스스로에게 주는

악취가 나는 쓰레기와도 같다.

자신의 가치를 믿지 못할 때

"이런 나를 누가 좋아하겠어?"라는

생각이 먼저 앞서고,

그 마음은 작은 말과 시선에도 쉽게 상처받게 만든다.

상대의 의도가 아니라 내 안의 불안이

무시당했다는 감정으로 번역되는 것이다.

지금 필요한 것은 나 자신에 대한 신뢰다.

내가 나만의 가치를 지닌 사람이라는 것을 안다면

내 감정은 쉽게 흔들리지 않는다.

무기력한 인생도 살리는 무해한 변명

핑계와 변명이 언제나 나쁜 것은 아니다.

되는 일이 없어 마음이 몹시 지칠 때는

잠시 숨을 고르기 위한 말이 필요하다.

'오늘은 여기까지 해도 충분해.'

'지금 이만큼 버틴 것도 잘한 거야.'

이런 생각은 나를 멈추게 하려는 변명이 아니라

다시 일어설 힘을 마련하는 시간일 수 있다.

삶의 매 순간을 치열함으로만 견디다 보면

마음이 먼저 닳아버린다.

때로는 지친 나에게 무해한 변명을 건네며

다시 움직일 용기를 선물하자.

마음이 살아나야, 인생도 다시 흐른다.

열정과 희망은 갑자기 등 돌리지 않는다

"나 이제 열정이 다 없어졌어"

열심히 하던 일이 실패로 돌아가면

분노하고 실망하다 결국 멈춰 서는 사람이 있다.

하지만 마음을 조금만 들여다보면

열정은 없어지거나 사라진 게 아니라

분노와 슬픔이 내게 머무는 동안 잠시 물러나

회복하는 중이라는 사실을 알 수 있다.

열정과 희망은 어느 날 갑자기 등 돌리지 않는다.

자꾸 분노하며 자신의 가능성을 포기할 때

열정과 희망은 완전히 멈춰 버린다.

그러니 분노보다 마음의 평온을 유지하자.

그렇다면 분명 다시 일어설 수 있다.

나는 지금 내 감정을
존중하며 살고 있는가?

감정 소모 없이
열등감에서 지혜롭게 멀어지는 법

열등감은 뛰어난 사람에게는 없고

조금 부족한 사람에게만 넘치는

불공평한 감정이 아니다.

스스로 가진 것을 어떻게 바라보느냐에 따라

누구에게나 생기고

누구에게나 멀어질 수 있다.

결국 해결책은 얼마나 많이 가졌느냐가 아니라

가진 것을 어떻게 받아들이느냐에 있다.

감정 소모를 재촉하는 비교에 마음을 맡기지 않고

나만의 가치와 장점을 살피는 시간을 늘릴수록

열등감은 삶의 중심에서 조용히 멀어진다.

혼자 울고 싶은 날 마음을 치유하는 글

스스로 내 마음을 치유할 수 없을 정도로

너무 많이 지친 날에는

나에게 이런 말을 들려주며

차분히 위로해 주자.

"내가 나라서 다행이야.

오늘 하루도 수고했어.

내 삶의 모든 것은 점점 좋아지고 있어.

모두가 나를 떠나도

나는 늘 곁에 있을 거야.

그러니까 지치지 마.

그리고 혼자 울지 마."

감정은 긍정적 방향을 향해야 한다

"사실은 제가 좀 화가 많은 편이라서요."
스스로 자신이 화가 많은 편이라고 단정 지으면,
안으로 화를 다스리려고 하지 않고,
그대로 발산할 가능성이 높아진다.
감정은 언제나 발전 가능성이 있는
긍정적인 방향을 향해야 좋다.

"화가 많지만 좀 줄이고 있습니다."
"요즘 좋은 것들만 생각하며 살고 있어요."
감정은 결국 내 생각과 말을 따라간다.
인생에 도움이 되는 좋은 감정을 유지하려면
거기에 맞는 말을 해야 한다.

부부의 온도가 곧 가정의 온도다

갑자기 불같이 화가 치밀어

나 자신도 놀랄 때가 있다.

지나고 나면 화를 낸 나와 아이에게

미안한 마음이 남는다.

이때 중요한 것은

화를 내지 말아야 한다는 다짐이 아니라

화를 어떻게 다룰지에 대한 선택이다.

부부의 온도는 집안의 분위기이다.

내 곁의 배우자는 가장 멋진 나이에

사랑으로 만나 가정을 함께 지켜온 사람이다.

그 처음의 마음을 떠올릴 수 있다면

영원히 청춘의 온기로 살면서

내 가족과 내 삶을 빛낼 수 있다.

반성과 자학을 구분할 수 있어야 성장한다

"이번에 실수했으니, 다음에도 또 실수할 거야."

이렇게 스스로를 몰아붙이는 말은 자학이 된다.

성장을 거듭하는 사람들의 말은 다르다.

"이번에 실수했으니, 다음에는 다르게 해볼 수 있어"

반성은 실수에 머무르지 않고

다시 나아가려는 마음에서 나오며

자학은 최악의 장면에

스스로를 묶어두려는 생각에서 나온다.

비슷한 실력 앞에서

결과를 가르는 것은 감정 조절이다.

자신의 미래에 대한 확신이 있다면

반성은 더욱 긍정적으로 다가올 것이다.

힘들 땐 혼자 몰래 욕해도 괜찮다

일이 잘 풀리지 않을 때는

세상이 전부 부정적으로 보이고,

이유 없이 남을 욕하고 싶어질 때도 있다.

그게 무조건 나쁜 것만은 아니다.

가끔 그런 통쾌함도 필요하다.

다만 그 감정에 자신을 내주지는 말자.

어른은 분노를 느끼지 않는 사람이 아니라,

나의 감정에 어디까지 솔직해질지

선택할 줄 아는 사람이다.

자기 감정을 속이며 사는 게 가장 어리석다

실패가 두려워서 멈춘 것인지,

움직이기 싫어서

실패할 것 같다는 감정을 앞세운 것인지

스스로 구분해 볼 필요가 있다.

세상에서 가장 어리석은 행동이

자기 감정을 속이는 것이다.

나는 왜 지금 도전하지 않는가.

실패가 두려운가,

아니면 단순히 피하고 싶은가.

이 질문을 피하지 않고 바라볼 때

감정은 변명이 아니라

방향을 알려주는 신호가 된다.

선택이 분명해질수록

인생의 방향도 더욱 또렷해진다.

매사에 너무 심각하게 반응하지 마라

상대의 표정과 말에 자꾸 마음이 흔들린다면

나의 중심이 밖을 향해 있다는 신호다.

말할 때 다른 사람의 표정까지

모두 책임지려 하지 마라.

반응은 그 사람의 몫이고,

그 의미까지 내가 떠안을 필요는 없다.

살다 보면 우리가 상상하는 만큼

심각한 일이 많지 않다.

불안해질 때는 내 마음을 먼저 다독이자.

대부분의 걱정은 사실이 아니라

상상에서 만들어진다.

분노와 화가 많아지는 이유는
어휘력 때문이다

세상에 화를 잘 내는 성격은 없다.

단지 화를 마치 하나의 언어처럼

의사소통의 수단으로 사용할 뿐이다.

그런데 놀랍게도 어휘력과 표현력이 좋아지면

분노와 화가 줄어든다.

내가 느끼는 감정을 글과 말로

정확하게 설명할 수 있게 된 덕분이다.

화가 많다면 책을 읽어라.

자주 분노한다면 필사를 시작하라.

감정을 언어로 옮기는 연습을 할 때,

분노의 언어가 지성의 언어로 바뀐다.

세상에서 가장 풀기 어려운 문제

좋은 마음으로 한 나의 조언은 흘려듣다가

낯선 사람의 같은 말에

귀 기울이는 배우자의 모습을 보면

답답하고 화가 날 수밖에 없다.

가장 가까운 사이기에 말이 더 가볍게 오가고,

반응도 쉽게 무뎌진다.

그래서 부부 사이의 문제는 늘 어렵다.

이럴 때 필요한 것은

상대를 바꾸려는 마음보다

내 태도를 먼저 돌아보는 일이다.

상대에게 기대하기보다 내가 먼저

어떻게 말하고 있는지 살펴보자.

나는 언제 가장 편안함을 느끼는가?

사람 성향이나 기질은 부모도 바꿔줄 수 없다

일은 하지 않고 놀고먹으려는 사람

남의 공을 가로채며 비열하게 사는 사람

아무리 반복해도 말을 듣지 않는 사람

이런 사람의 성향이나 기질에 연연하며

'저 사람은 왜 저래?'라는 생각에

화를 내기 시작하면 나만 미친다.

체력의 소모보다 더 위험한 게

감정을 헛되게 소모하는 것이다.

왜 저러나 싶은 이들에게 관심을 주는 건

맛있는 먹이를 던져주는 것과 같으니

신경을 끄고 내 감정에만 충실하자.

나를 지키는 최소한의 경계가 필요하다

1. 그건 제가 할 수 없는 일입니다.

2. 예의는 지켜주셨으면 합니다.

3. 저는 평가를 부탁한 적이 없습니다.

4. 우리 서로 힘이 되는 말을 합시다.

5. 개인적인 이야기는 조금 더 친해진 뒤예요.

사람은 모두 다르기에

나를 지키는 최소한의 경계가 필요하다.

화를 내라는 뜻이 아니다.

오히려 분노와 화로 넘어가지 않기 위해

어느 정도의 단단함이 필요하다.

적당한 거리를 세울 수 있을 때

마음은 차분함을 유지한다.

인생을 너무 조급하게 생각하지 마라

모두가 잘 살고 있는 것처럼 보이지만

겉으로 보이는 모습과 실제가 다를 때가 많다.

일이 늘 순조로운 사람은 드물고,

다들 괜찮은 척하고 있을 뿐이다.

나만 가진 게 없는 것도 아니고

나만 삶이 정체되어 있는 것도 아니다.

하루를 견뎌내고 있다는 사실만으로도

나 자신을 다독일 이유는 충분하다.

인생을 조급하게 재단할수록

마음은 쉽게 흔들린다.

나는 잘하고 있고,

앞으로 더 잘될 것이라고 생각하자.

열심히 살수록 오히려 더 불안해지는 이유

성취감을 늘 과정이 아닌 결과에서 찾는 사람은

열심히 할수록 불안해진다.

그 거리가 너무 멀게 느껴져

자꾸 최악의 장면을 떠올리기 때문이다.

성취감은 크기보다 빈도가 중요하다.

크게 한 번 누리기보다 작게라도 자주 느끼는 편이

마음을 지치지 않게 한다.

매일 내가 해낸 작은 일들을

스스로 인정할 수 있을 때 불안은 잠시 뒤로 물러난다.

내 노력을 내가 알아봐 줄 수 있어야

감정도 숨을 고를 수 있다.

지친 감정을 회복하려면 혼자 있어야 한다

사람을 만나는 일은 기본적으로 힘든 일이다.

사람과 사람이 만나는 듯 보이지만

실은 감정과 감정이 부딪히는 것이고,

그 사이에서 슬픔과 외로움이 태어난다.

지친 상태로 누군가를 만나면

서로의 감정이 더 거칠어질 수 있다.

이럴 때는 잠시 혼자를 선택하는 것도 필요하다.

조용히 나를 돌아보는 시간 속에서

진짜 나를 만날 수 있고

그 시간을 건너면 힘든 감정도 사라진다.

나를 돌보는 일은 누군가 대신해 줄 수 없는

나의 몫이다.

강한 척하는 이유는 약하기 때문이다

마음속에 쌓인 열등감을 숨기고 싶을 때

우리는 종종 강한 척을 하며

스스로를 속인다.

하지만 그럴수록

열등감은 오히려 자리를 넓힌다.

중요한 건 척이 아니라 현실의 노력이다.

당장 생각을 바꾸지 않으면

열등감의 굴레에서 벗어날 수 없다.

강한 척을 하며 자신을 숨기려는 마음이

노력하려는 마음을 자꾸 지우기 때문이다.

강한 척하는 삶과 이별해야

진짜 강한 나와 만날 수 있다.

고생한다는 생각을 버려야
마음 건강을 유지할 수 있다

"이게 무슨 고생이냐."

"예전엔 정말 힘들었지."

많은 사람은 무언가를 이룬 뒤에

지나온 시간을 고생이라 부른다.

과거와 현재 그리고 미래에는 따로 이름이 없다.

하지만 과거를 고생이라고 이름을 짓는 순간

현재와 미래를 대하는 태도가 달라지게 된다.

힘들고 어려웠다고 다 고생은 아니다.

고생이 아닌 내일을 위한 투자이고,

고통이 아닌 단단해지기 위한 과정이다.

내가 보낸 치열했던 과거를

따뜻한 이름으로 부를 수 있다면

내 현재와 미래는 더 건강해질 것이다.

진짜 용기는 두려움과 함께 세상에 나온다

용기는 백 퍼센트의 확신에서

나오는 것이 아니라

두려움을 느끼는 순간

비로소 모습을 드러낸다.

두려움을 지우려 애쓰지 말자.

기회는 언제나 두려움을 안고도

발을 내딛는 사람에게 열린다.

겁이 나지만 멈추지 않고,

아주 조금씩 앞으로 가는 것,

그게 진짜 용기다.

두려움은 없애야 하는 대상이 아니라

함께 안고 가는 감정이다.

타인의 눈치를 너무 많이 봐서 고민이라면

우리는 모두 삶이라는 무대에 선 배우다.

관객 없는 무대가 없듯

타인의 시선을 의식하는 일도

자연스러운 삶의 일부다.

역할이 많고 책임이 커질수록

눈치를 보는 것은 당연한 일이다.

그러니 그것을 이유로 스스로를 탓할 필요는 없다.

중요한 것은 그 감정을 부정하지 않고

나에게 유리한 방향으로 해석하는 일이다.

눈치를 본다는 건 열심히 살고 있다는

하나의 신호라고 생각하자.

마흔 이후에는 루틴이 최고의 자산이다

마흔을 넘기면 예상하지 못한 일이 잦아지고

감정의 폭도 커진다.

감정의 파도가 휘몰아칠 때 필요한 건

매일 반복할 수 있는 작은 루틴이다.

사소해도 괜찮다.

무언가를 계속해 왔다는 경험이 쌓이면

그 자체가 감정을 붙잡아 주는 힘이 된다.

그래서 무엇이든 루틴을 가진 사람은

마흔 이후에도 마음을 쉽게 잃지 않는다.

나는 어떤 상황에서
기분이 쉽게 가라앉는 편인가?

이제는 소중한 나 자신에게 박수칠 차례다

살면서 잘 모르는 누군가를 위해

박수를 쳐본 적은 많지만,

소중한 나 자신을 위해 박수를 친 적은 드물다.

늘 밖을 향했던 응원이

나에게는 너무 박했다.

이제는 내가 나를 챙겨야 할 시간이다.

"네가 아니었다면 지금 이 자리에

나도 없었을 거야."

여기까지 온 나에게 잠시 멈춰 서서

조용히 박수를 보내자.

내 감정을 먼저 존중할 수 있을 때

비로소 삶도 다시 힘을 얻는다.

나는 마음의 보석이 될 수 있는 것만 본다

사람 사는 건 다 비슷해서

아무리 좋은 것만 보려 해도

나쁜 장면이 먼저 눈에 들어오는 것은 어쩔 수 없다.

하지만 나는 그것을 굳이 자세히 보지 않는다.

나쁜 것들의 유혹은 강력하지만

나는 의식적으로 좋은 쪽을 본다.

눈과 마음에 조금 더 예쁜 장면을 담는다.

하루하루 내가 무엇을 담아왔는지가

지금의 나를 만들었다는 걸 이미 알고 있기 때문이다.

나는 지금도 만들어지고 있다.

그래서 오늘도 내 두 눈은 좋은 것에 머문다.

"나는 여전히 좋은 사람이다"라는
믿음을 가져라

소중한 사람에게

원하는 만큼 해주지 못한다고 해서

나를 너무 쉽게 미워하지 말자.

물건은 돈으로 살 수 있지만

주고 싶은 마음은

아무에게나 가질 수 있는 것이 아니다.

지금 돈이 넉넉하지 않을 뿐,

내 마음까지 부족한 것은 아니다.

돈이 충분하지 않을 뿐이지

나는 여전히 좋은 사람이다.

나는 그런 내가 자랑스럽다.

나는 누구의 말에도 흔들리지 않는다

일의 결과는 그렇게 중요하지 않다.

그 일을 제대로 하지 못해도 괜찮다.

누군가의 비난에도 크게 신경 쓸 필요 없다.

남에게 잘 보이기 위해 나의 감정을 소진하며 살지 말자.

그가 나를 어떻게 생각하는지는

나에게 중요한 것이 아니다.

나는 충분히 애쓰며 살고 있고,

남들에게 평가를 맡기지도 않았다.

중요한 것은 타인의 인정이 아니라

내가 나를 어떻게 바라보는가다.

불완전하고 부정적인 감정에 휘둘리는 나를 조금씩 이해하고

그 상태 그대로를 사랑하는 연습을 오늘도 이어가자.

때로는 공기처럼 가벼워져야
숨을 쉬고 살아갈 수 있다

마음이 너무 힘들어 내일을 떠올릴 힘조차 없을 때

우울한 감정은 끝없이 나를 가라앉게 만든다.

존재하는 것만으로도 버겁고

몸이 바닥으로 꺼지는 기분이 들 때,

우리는 공기처럼 더 가벼워질 필요가 있다.

"이건 나도 어쩔 수 없어."

"오늘을 버틴 것만으로도 충분해."

욕망과 기대를 잠시 내려놓고

하루를 가볍게 살아보자.

그리고 아주 천천히 내일을 생각해 보자.

"내일은 무엇을 하며 하루를 보낼까?"

그 질문 하나만으로도 내일은

오늘보다 조금 덜 무거워질 것이다.

나만의 판단 기준이 필요하다

감정이 갑자기 차분해지며

인생이 정리되는 느낌이 들 때가 있다.

'이건 아니다'라는

분명한 확신이 생길 때다.

이 사람은 인연이 아니고,

이 일은 내가 할 일이 아니며,

이곳은 내가 머물 자리가 아니라는 걸

또렷이 알게 되는 순간.

사람과 일, 환경에 대한 나만의 판단 기준이 생기면

마음은 자연스럽게 가라앉는다.

지금 방황하고 있다면

아직 길을 고르는 중일 뿐이다.

일이 실패했을 때 자책하는 습관은 나쁘다

"난 이게 문제야!"

스스로 자신의 잘못을 지적하며

마음 아프게 하는 하루에서 벗어나자.

대신 나에게 다른 질문을 건네 보자.

"다음에는 이렇게 해볼까?"

"이 방법은 어떨까?"

"지금의 나에게 맞는 선택은 뭘까?"

잘못을 지적당하는 일은 충분히 많이 겪는다.

내가 나를 위해 할 수 있는 건

이번의 실패가 좋은 경험이 되도록

힘든 마음을 다정히 안고

희망의 질문을 건네는 일이다.

강력한 의지를 가져야
좋은 기분을 유지할 수 있다

인간은 가만히 두면 계속 부정적인 생각을 하며

조금만 나쁜 신호가 와도 부풀려서 절망에 빠진다.

기분에 너무 휩쓸리면

자연스럽게 부정적인 사람이 되니

의지를 갖고 최대한 좋은 생각을 해야 한다.

먼 미래는 잡히지 않으니 지금 여기를 바라보자.

오늘 할 일, 오늘 견딘 마음, 오늘 지나온 하루.

나는 지금 잘하고 있다.

한 번 부정적인 생각이 들면

백 번 긍정적인 생각을 하며,

마음에 향기로운 씨앗만 심자.

남의 부담까지 혼자 다 짊어지지 마라

누구보다 열심히 살고 있는데

나아지고 있다는 느낌이 들지 않을 때,

이 질문을 먼저 던져보자.

"이건 정말 내 문제인가?"

나와 직접 관련된 일인지,

아니면 괜히 마음이 쓰여

짐처럼 떠안은 일인지

분명히 구분해야 한다.

남의 부담까지 끌어안으면

열심히 살수록 삶은 더 무거워진다.

내 뜻대로 되지 않는 아이를 대하는 법

아이가 독서실이나 스터디 카페에 가면

공부를 하는지, 시간을 흘려보내는 건 아닌지

부모라면 누구나 괜히 마음이 흔들린다.

그 걱정은 의심이 아니라

아이를 잘 키우고 싶다는 마음에서 나온다.

그럴 땐 불안을 키우기보다, 이렇게 생각해 보는 게 좋다.

'이 아이도 자기 방식으로 자신의 시간을 배우고 있구나.'

내 눈앞에서 확인하지 못한다고 해서

아이가 잘못 가고 있다고 단정하지 말자.

유연하게 생각해야 괜한 화를 내지 않을 수 있다.

심각하게 생각한다고 해서 상황이 나아지지는 않는다.

해석을 조금만 부드럽게 바꾸면

화도 자연스럽게 줄어든다.

어떤 순간에 마음이
차분해지거나 안정된 기분을 느끼는가?

시작부터 잘하려고 하지 마라

삶이 두렵고 시작 앞에서 자꾸 멈춰 서게 될 때

나의 마음을 들여다보면

잘해야 한다는 불안이

먼저 자리를 차지하고 있다.

아직 익숙하지 않은데 처음부터 잘하려 하니

마음이 따라오지 못하고 괜히 더 겁이 나는 것이다.

뭔가를 시작할 때는 확신이 아니라

그냥 해보자는 마음이면 충분하다.

불안한 채로 한 걸음 내딛는 것,

그 자체가 이미 시작이다.

서두르지 않아도 된다.

성장은 언제나 계절처럼

자연스럽게 찾아올 것이다.

불안이라는 괴물은 늘 먹이를 찾는다

돈과 지식을 아무리 채워도

늘 불안에 떠는 사람이 있다.

나쁜 생각을 쉽게 놓지 못해서다.

"실패하면 어쩌지."

"나쁜 일이 생기진 않을까."

불안은 이런 생각을 먹고 자라난다.

그래서 마음에 무엇을 남길지 조심히 골라야 한다.

무너졌던 힘든 나날보다

멋지게 버텨냈던 좋았던 순간을

조금 더 오래 붙잡고 살자.

마음이 단단한 사람은 좋은 기억에 머물 줄 알고,

나쁜 감정을 필요 이상으로 키우지 않는다.

한 걸음을 걸어도 꿋꿋하게

나는 다른 사람이 갑자기 화를 낼 때

'무슨 일이 있었겠구나' 하고 이해하고 넘길 수 있다.

하지만 내가 화를 내는 순간,

'저 사람 갑자기 왜 저래!'라는

부정적인 평가를 받을 수 있다는 사실도 안다.

세상은 늘 같은 기준으로 돌아가지 않는다.

내가 이해했다고 해서

그도 나를 이해할 거라 기대할 수는 없다.

사람은 많고, 생각은 제각각이다.

그래서 삶은 복잡하지만

굳이 다 헤아리려 애쓰지 않는다.

나는 그저 내 몫의 하루를 꿋꿋하게 살아가면 된다.

어떤 어려움 속에서도 무해한 하루를 살려면

환경이 급격히 나빠지고 경쟁자가 늘어나면

자존감이 강한 사람도 버티기 어려워진다.

그럴 때는 상황을 솔직히 인정하는 편이

오히려 마음을 덜 소모시킨다.

나보다 실력이 좋은 사람이 있고,

흐름도 내 편이 아닐 수 있다는 사실을

담담히 받아들이는 것이다.

현실을 인정하면

패배에 대한 두려움도 조금은 느슨해진다.

지는 게 이상한 일이 아니라는 생각이

마음에 여유를 남기기 때문이다.

힘든 상황일수록 현실을 외면하지 않는 태도가

가장 무해한 하루를 살아가게 한다.

겉은 쾌활하지만 속은 슬픔에 젖어있는 사람

능력이 있어 일은 잘해내지만,

돌아서는 눈빛에 슬픔이 남아있는 사람이 있다.

어릴 때부터 과정이 아닌 결과로만 평가받으며

늘 스스로를 의심하는 어른으로 자랐기 때문이다.

"정말 잘한 걸까?"

"혹시 큰 실수를 한 건 아닐까?"

이런 질문이 잘해도, 잘못해도

마음을 놓지 못하게 만든다.

그럴 때는 잠시 멈춰

나를 정면으로 바라보는 시간이 필요하다.

조용히 글을 쓰며 스스로를 위로하는 일.

나를 치유할 수 있는 사람은 결국 나 자신이다.

감정이 흔들리면 지성이 흩어진다

대부분 자신이 중요한 선택을 할 때

그간 배운 지식과 정보를 바탕으로

이성적인 판단을 한다고 생각한다.

하지만 실제로는

그날그날 마음이 향한 방향이

선택을 좌우하는 경우가 많다.

감정이 크게 흔들리면

그동안 어렵게 쌓아온 지성이

여기저기로 흩어져 힘을 발휘할 수 없다.

흔들리는 감정을 스스로 붙잡을 수 있을 때,

요동치는 인생 앞에서도

지혜로운 선택이 가능해진다.

싫으면 싫다고 말할 용기가 있어야 한다

쓸데없는 과소비가 삶을 쉽게 망치듯,

쓸데없는 감정의 소모도 삶을 지치게 만든다.

싫은 걸 견디는 것도 힘든데

싫다고 말하지 못한다면

열심히 살아도 마음에는 후회만 남는다.

싫으면 싫다고 분명히 말하자.

그건 미안할 일이 아니다.

나를 속이고 상대까지 속이는 삶에서

이제는 벗어나야 한다.

내가 견딜 수 있는 감정에는 분명한 한계가 있다.

감정을 엉뚱한 곳에 쓰지 않을 때

비로소 삶의 여유를 즐길 수 있다.

인간이 느끼는 감정에는 끝이 없다

표현되지 못한 감정은

내면에 쌓여 결국 독이 되어 터진다.

감정을 드러낼 때마다 이 사실을 기억하자.

감정이 끝난 게 아니라,

나의 언어가 거기서 끝난 것뿐이라는 걸.

그래서 언어를 키우는 일이 필요하다.

슬픔도, 희망도, 고통도

내가 표현할 수 있는 만큼

느끼고 보여지기 때문이다.

내가 가진 언어의 크기가

내 감정이 닿을 수 있는 범위가 된다.

행운과 좋은 기운만 모이는 나를 만드는 법

재수 없는 사람에 대해서 굳이 이야기를 나누지 말고,

생각만 해도 행복해지는

좋은 사람에 대한 이야기를 하자.

남이 망하고 복수하는 아픈 이야기는 나누지 말고,

남이 잘되고 성장하는

근사한 이야기를 나누자.

내가 자주 나누는 말이

곧 내 삶의 주제가 된다.

좋은 이야기가 오갈 때

내 삶에도 멈추지 않는 행운의 흐름이 생긴다.

복수를 하려는 마음이 나를 짐승으로 만든다

복수를 하겠다는 마음은

야만적인 맹수가 가진 감정이다.

그 마음은 나를 성장시키기보다

시간과 힘을 소모시킨다.

상처를 떠올리면 복수의 욕구가

쉽게 가라앉지 않는 것은 사실이지만,

분노한 자신을 다스리지 못하는 사람은

결국 분노의 지배를 받게 된다.

헛된 복수에 신경을 쓴다면,

나는 지금 해야 할 일을

하나도 해내지 못한 채로

분노만 하다가 사라질 것이다.

나도 모르게 반복해서
하는 걱정은 무엇인가?

어른의 태도가 언제나 일정한 이유

아무리 애써도 실패할 수 있고,

아무리 노력해도 돌아서는 관계가 있다는 사실을

경험으로 알게 되는 순간이 있다.

그때 우리는 비로소 진짜 어른이 된다.

세상이 내 마음대로 되지 않는다는 것을

반감이나 억울한 마음 없이,

그대로 받아들일 수 있기 때문이다.

그래서 어른의 태도는 고요한 수평선과 같다.

어른은 모든 걸 붙잡으려 애쓰지 않고,

자신이 해야 할 일을 그저

묵묵히 해내며 살아간다.

결국에는 끝이 있다

죽을 것만 같았던 시련도

지옥처럼 아팠던 고통과

평생을 따라다닐 것만 같았던

바다처럼 깊고 어두운 슬픔에도

결국에는 끝이 있다.

영원히 이 순간에 멈춰 있을 것만 같지만

다 끝이 나기 마련이다.

그러니 오늘도 살아보자.

다시 당당하게 일어서 보자.

노력했던 모든 시간이

오늘의 나를 밝게 비추고 있으니까.

어떤 관계보다 내 마음 건강이 우선이다

사람을 잃는 건 굉장한 고통이다.

그러나 한 사람을 잃지 않기 위해서

나를 잃을 정도의

힘든 고통을 겪어야 한다면

내 마음을 지키고 그를 잃는 게 좋다.

당분간은 마음이 불편하겠지만

나는 나를 데리고 평생을 살아야 한다.

잠시의 기쁨을 위해 평생 아파할 수는 없다.

떠날 사람은 내가 어떤 수를 써도 결국 떠난다.

어떤 관계보다 내 마음 건강이 우선이다.

좋은 미래는 부르는 자의 것이다

"아, 힘들어 죽겠네."

"이러다 진짜 망하는 거 아니야?"

말버릇처럼 자꾸 힘들다고 말하면

내게 더 힘든 일만 찾아온다.

삶에 존재하는 모든 일은

자신을 부르는 자에게 안기기 때문이다.

삶이 힘들수록 좋은 것들을 불러야 한다.

"좋은 일이 오고 있어."

"행운은 결국 나의 몫이야."

힘든 일이 있더라도 좋은 미래를 자꾸 말하자.

고통을 긍정과 희망으로 바꾸는 자는

결국 스스로 그것들을 불러낼 줄 아는 사람이다.

뭐든 나를 좋게 해석하는 능력이 필요하다

열심히 한 일이 실패로 돌아가면

"내가 그렇지 뭐." 하고

거기서 멈출 수도 있다.

하지만 자신을 좋게 생각하는 사람은

이렇게 말한다.

"덕분에 도전해 볼 수 있었어."

실패의 공포를 도전의 감각으로

빠르게 바꿔 버린다.

상황이 현실을 바꾸는 게 아니라,

그 상황을 대하는 태도가 다음을 결정한다.

계획은 무너질 수 있지만

그 틈에서 새로운 길이 열린다.

상처가 많아도 자신을 믿는 사람은

결국 가고 싶은 방향으로 계속 걷는다.

세상에 진짜 내 실력을 보여주려면

우리는 사는 내내 참 다양한 장면을 만난다.

그 속에서 늘 좋은 감정만 느끼고 싶지만

살면 살수록 인생은 더 어려워지고

계획대로 되는 일은 하나도 없다.

세상은 끝없이 나를 흔들지만,

흔들림을 멈춰야 내가 살 수 있다.

나는 나를 다스릴 수 있는 사람이다.

분노와 슬픔, 고통과 괴로움.

이런 감정에 휘둘리지 않는다면

언제나 차분하게 대응할 수 있고,

진짜 내 실력을 보여줄 수 있다.

늘 좋은 감정을 유지하는 사람들의 말버릇

1. 뭔가 방법이 있을 거야.

2. 어떤 의미가 있겠지.

3. 오히려 이렇게 하면 좋겠네.

4. 좋은 방향으로 생각해 보자.

5. 멋진 기회일 수 있어.

부정적인 감정은

의식하지 않아도 자연스럽게 다가오지만

긍정적인 감정은

의식적으로 하지 않으면 금세 흩어진다.

그래서 감정을 억누르기보다

말의 방향을 조금 바꿔보는 연습이 필요하다.

이런 말버릇을 의식적으로 선택할 수 있을 때

우리는 좀 더 쉽게 좋은 감정을 유지할 수 있다.

하는 일이 많은데 이상하게 불안한 이유

하는 일이 많은데

이상하게 자꾸 불안해지는 이유는

내가 통제할 수 없는 게

함께 많아졌기 때문이다.

이런 종류의 불안은 나쁜 신호가 아니다.

다양한 곳에서 자신의 실력을 발휘하고 있고,

매우 의욕적이라는 증거이기도 하다.

잘되려는 마음이 뜨거워서

스스로 제어하고 해결하려 하다 보니

생기는 불안감이기 때문이다.

지금 불안하다고 해서 걱정할 필요는 없다.

나는 지금도 누구보다 열심히, 잘해내고 있다.

마음 건강에 좋은 7가지 처방전

초조할 땐 필사를 하고

풀리지 않는 문제가 있을 땐 산책을 하라.

마음이 답답할 땐 아름다운 음악을 듣고

혼자라는 생각이 들 땐 맛있는 걸 먹자.

그리고 나이 드는 게 두려울 땐 독서를 하고

내가 너무 미울 땐 가장 예쁜 옷을 입자.

마지막으로 모든 것이 의미 없다고 느껴질 땐

사랑하는 사람들을 생각하며 메시지를 보내자.

나는 내 마음 건강을

최고의 상태로 유지할 수 있다.

사는 게 힘들고 막막할수록,

나 자신에게 무해한 것들만 주면서 살자.

도전하는 자에게 수치란 피할 수 없는 숙명이다

수치스러웠던 감정을

무작정 외면하며 지우려 하는 건

지적 성장에 도움이 되지 않는다.

수치라는 감정이 올라왔다는 건

그만큼 진지하게 임했고,

열심히 도전했다는 증거이다.

'수치'라는 힘든 감정을 이겨낼 정도로

그 도전과 과정이 귀했다는 말이기도 하다.

감정을 정면으로 바라볼 수 있어야

결과를 책임지고, 다시 나아갈 수 있다.

수치는 지워야 하는 '감정의 얼룩'이 아닌

마주하며 이겨내야 하는 '성장의 신호'이다.

Q

최근 작지만 분명하게
기뻤던 순간은 언제인가?

지혜로운 사람이 하루를 행복으로 채우는 법

아프지도 않은데 건강보험료만 많이 낸다고 생각하면

하루는 불평으로만 채워진다.

하지만 건강보험료를 낼 만큼 소득이 있고,

그런데도 병원에 갈 일이 없다는 사실을

행운으로 바라보면

같은 하루가 행복으로 채워진다.

환경은 행복의 핵심이 아니다.

그 상황을 바라보는

내 감정의 시선이 달라져야 한다.

어리석은 사람은 하루를 불평으로 채우고,

지혜로운 사람은 같은 하루를 행복으로 채운다.

마음은 그 가치를 아는 사람에게 주자

잘해주는 사람 따로 있고

받기만 하는 사람 따로 있다.

문제는 귀한 마음을 받고 있으면서

자신이 얼마나 값진 것을 받는지 전혀 알지 못하는 이다.

잘해줘도 그 가치를 모르는 사람에게

이제는 감정 낭비를 하지 말자.

"어떻게 나한테 이럴 수 있어."

아무리 그에게 묻고 또 물어도

마음의 가치를 모르는 사람은

쉽게 바뀌지 않는다.

이제는 감정 소모를 멈출 때다.

마음은 그 가치를

알아보는 사람에게 줘야 한다.

착한 마음을 지혜롭게 오래 간직하는 법

들어주기 힘든 부탁은 거절할 수밖에 없다.

하지만 상대의 마음을 먼저 헤아리는 사람은

거절 앞에서 걱정하며 오래 망설인다.

그럴 때는 이렇게 생각해도 괜찮다.

"이건 내가 잘못하는 일이 아니다.

부담스러운 부탁을 한 쪽의 몫이다."

착한 마음은 소중하지만,

남을 위해 나를 뒤로 미루어서는 안 된다.

나를 지키는 지혜를 발휘하자.

나를 중심에 두고 선택할 수 있을 때

착한 마음도 잃지 않고 오래 간직할 수 있다.

빨리 내려놓을수록 가벼워지는 5가지 마음

1. 완벽하게 하려는 마음

2. 꼭 잘해야 한다는 마음

3. 정답만 찾으려는 마음

4. 실패하지 않으려는 마음

5. 틀리지 않으려는 마음

완벽하지 않아도,

잘하지 못해도,

정답이 아니라도,

실패한다고 해도,

틀려도 다 괜찮다.

나는 나답게 살면 된다.

나는 내 방식과 방향을 믿는다.

아직 일어나지 않은 일에 감정을 소모하지 마라

"만약 일이 이렇게 되면 어쩌지?"

인생을 비교적 생산적으로 사는 사람들에게는

한 가지 공통점이 있다.

아직 일어나지 않은 일에

아까운 감정을 미리 쓰지 않는다는 점이다.

실제로 우리는 이미 일어난 일보다

앞으로 일어날지도 모르는 일을 더 불안해한다.

매일 소설 작가가 되어 가장 슬프고 불행한

자기 삶의 이야기를 혼자 완성해 가는 셈이다.

삶에서 일어나는 대부분의 걱정은

그 일이 실제로 벌어진 뒤에 마주해도 늦지 않다.

그러니 아직 오지 않은 일에

감정을 먼저 소모하지 말자.

내가 사랑하는 단어가 나를 키운다

그 사람이 품은 단어는 그 사람의 감정과도 같다.

자주 반복하는 단어가 나의 감정을 조각하는 셈이다.

긍정적인 단어를 곁에 두는 사람은

의식하지 않아도

희망과 사랑, 행복에 더 자주 머물게 된다.

감정이 그 말의 방향을

자연스럽게 따라가기 때문이다.

삶에 무해한 단어를 가슴에 품자.

듣기만 해도 가슴이 따뜻해지는

햇살을 닮은 단어만 내 삶에 허락하자.

이유 없이 끌리는 것들을 붙잡아라

1. 그냥 좋은 사람

2. 보고 있으면 행복해지는 풍경

3. 괜히 기분 좋아지는 일

4. 자꾸만 읽고 싶어지는 책

5. 느낌이 좋은 음악과 옷

그냥 좋은 게 가장 좋은 것이다.

이유 없이 끌린다는 건

오래 곁에 두어도

나를 소모시키지 않고

행복이라는 좋은 감정을

꾸준히 건네준다는 신호다.

마음이 불안할 때 나를 해방시키는 말

진짜 어른이 된다는 건

나를 불안하게 만드는 문제에 대해

마냥 의지할 친구를 찾는 게 아니라,

힘듦을 있는 그대로 받아들이고

내 안에서 말끔하게 다 사라질 때까지

품을 수 있는 단단한 내면의

소유자가 된다는 사실을 의미한다.

마음의 문제는 혼자 해결해야 한다.

지금은 아프지만, 이 시간을 견디고 나면

나는 이전보다 조금 더 단단해져 있을 것이다.

상처와 열등감이 힘이 되는 순간

자존감이 단단한 사람 중에는

한때 누구보다 낮은 자존감으로

힘든 시간을 보낸 이들도 있다.

그런 사람들이야말로 자존감을 단단하게 만드는 방법을

그 누구보다 선명하게 말해줄 수 있다.

만약 내가 지금 상처와 열등감으로 힘들다면

내 자존감이 단단해지는 시간으로 삼아라.

이 시간이 지나가면 나는 당당하게

내가 어떤 시간을 견뎌왔는지,

그 경험으로 세상에 어떤 도움을 줄 수 있는지,

말할 수 있을 것이다.

상처와 열등감은 나를 멈추게 하는 것이 아니라

나만의 언어를 새로이 만들어준다.

감정을 낭비하지 않아도 되는 사람들

누군가 기분 나쁘게 말하면 이렇게 생각해라.

"저 사람의 감정이 지금 저렇구나."

거기에서 딱 멈추는 게 가장 좋다.

그의 말을 더 끌어안으면 나만 아프다.

자기 감정을 스스로 이기지 못해서

그걸 남에게 해소하는 최악의 사람에게

굳이 내 감정을 낭비할 필요는 없다.

그 순간 확인한 것은

상대의 감정 상태와 표현의 수준이지,

나를 목표로 겨냥한 것이 아니라는 사실을

반드시 자각해야 한다.

부끄러움이나 위축감을 느낄 때,
나는 나에게 어떤 말을 건네는가?

집에서 혼자 있는 시간을 값지게 보내는 법

1. 힘든 마음이 들 때마다 감정을 글로 쓰기

2. 혼자라서 오히려 좋은 이유 생각하기

3. 그날 하루 꼭 해야 할 일 정하기

4. 가장 아끼는 공간에서 사색에 잠기기

5. 최근 가장 잘한 선택과 일에 대해 생각하기

혼자 있을 때 감정은 가장 섬세해진다.

그래서 이 시간을 아무렇게나 흘려보내기보다

나를 돌보는 데 쓰는 편이 좋다.

혼자 있는 시간을 조심스럽게 다루는 사람은

그 시간만큼 자기 마음을 단단하게 지켜낼 수 있다.

오히려 마음 건강에 무해한 착각

1. 내가 생각보다 괜찮은 사람이라는 착각

2. 내가 멋지고 예쁜 사람이라는 착각

3. 내 잘못이 아니라는 착각

4. 후회를 남기지 않았다는 착각

5. 다시 돌아가도 이보다 더 잘할 수 없다는 착각

마음에도 근육이 있어서

쓸 수 있는 힘에는 한계가 있다.

무거운 감정을 너무 오래 짊어지고 살면

마음의 근육도 결국 지쳐 버린다.

그럴 땐 지친 마음을 잠시 쉬게 할

삶에 무해한 착각의 힘이 필요하다.

담담하게 관조하듯 주변을 바라보라

주변에서 일어나는 모든 일을

혼자서 다 끌어안고 살다 보면

내 감정이 먼저 지쳐

아무것도 느끼지 못하게 된다.

그래서 섬세한 사람일수록 자신을 지키기 위해

무감각해지는 법을 먼저 배우고,

어느 순간 가장 무딘 사람처럼 살아간다.

지금부터라도 조금 덜 섬세해지자.

내가 모든 감정을 다 끌어안을 필요는 없으니

조금은 담담하게 관조하듯 주변을 바라보자.

나는 내 마음을 함부로 소모하지 않는다

1. 나를 반기지 않는 공간에는 가지 않는다.

2. 긍정적인 언어를 사용하는 사람과 만난다.

3. 좋은 기분을 유지할 수 있는 곳에 자주 간다.

4. 끝없이 애를 쓰게 만드는 공간은 피한다.

5. 나를 아끼지 않는 사람은 만나지 않는다.

지금 당장 이런 선택이 어렵다면

그런 삶을 준비하는 쪽으로 마음을 쓰면 된다.

하루라도 빨리 시작하는 게 중요하다.

내 마음은 이미

무해한 공간을 원하고 있으니까.

언제나 나를 가장 무시한 건 바로 나였다

언제나 가장 분투한 나 자신을

믿지 못하고 외면했던 건 바로 나였다.

내가 나를 의심할수록

삶을 대하는 나의 감정은

점점 더 부정의 늪에 깊이 잠긴다.

내가 나를 가장 먼저 존중해야 한다.

슬픔, 연민, 고통도 소중한 내 감정이니

조금도 외면하지 않고

따뜻하게 품을 수 있어야

내 삶도 더 단단해진다.

사람은 자기 수준만큼만 깨달을 수 있다

아무리 반복해서 말해도

상대가 잘못을 깨닫지 못한다고 분노할 필요는 없다.

깨달음은 억지로 밀어 넣을 수 있는 것이 아니라,

각자가 준비된 만큼

받아들이는 것이기 때문이다.

상대방이 스스로 깨닫지 못한다면,

'네 수준이 그 정도구나'라고 생각하며

그냥 지나가는 게 지혜로운 선택이다.

상대방이 깨닫지 못한다면

그건 내가 분노할 이유가 아닌,

그가 더 공부해야 할 이유이니

이제는 마음 편히 지나치자.

자신이 애써 만든 결과를
과도하게 검열하지 마라

사람은 능력이 없어서 망하기보다

자기 능력을 믿지 못해 망한다.

"이게 맞는 걸까?"

"사람들이 뭐라고 하면 어쩌지?"

이런 질문은 불안이 만든 목소리다.

자신이 만든 결과를 계속 의심하는 건

그동안 애써온 시간과 노력을

스스로 무시하며 깎아내리는 일이다.

자존감은 더 빠르게 무너지고,

스스로에 대한 검열 강도는 더욱 높아지며,

내가 나를 견딜 수 없게 된다.

그러니 자신에게 너무 엄격해지지 말자.

'말투'는 그 사람이 지금까지 쌓은
인성의 합이다

'말'보다 '말투'를 들여다보면

그 사람의 태도가 보인다.

말은 배워서 바꿀 수 있지만,

말투는 오랜 시간 쌓인

인성의 흔적이기 때문에

쉽게 바뀌지 않는다.

그래서 사람을 상처 입히는 건

말의 내용보다 말투인 경우가 많다.

그러니 처음부터 말투를 들어본 후

인연을 맺는 게 현명하다.

그것이 바로 나를 지키는 태도이다.

외로움은 혼자 있어서 느끼는 게 아니다

세상에서 가장 외로운 사람은

혼자 있는 사람이 아니라

혼자 있지 못하는 사람이다.

사람이 없어서 외로운 게 아니라

혼자를 견디지 못해

외로움을 느낀다.

외로움은 타인의 존재로 채울 수 있는 게 아니다.

다른 사람에게서 구하지 말고,

자기 자신에게서 찾아야 한다.

외로움에서 나를 꺼내 줄 수 있는 사람은

오직 나뿐이다.

유독 마음에 화가 많은 사람이 있다

때로 마음에 화가 많다는 건

사랑해서 지켜내고 싶은 게 많다는 신호일 수 있다.

'지키고 싶다'보다

'지켜내고 싶다'에는

더 큰 책임과 부담이 담긴다.

그 무게가 쌓이면 마음은 쉽게 지치고,

그 피로가 화로 드러난다.

그래서 화가 많다는 건

소중히 여기는 것이 많다는 뜻이기도 하다.

나쁜 감정은 아니지만 차분해질 필요는 있다.

내 마음 건강을 먼저 지키는 태도,

그것이 세상과 사람을 오래 사랑하는 방법이다.

혼자 있는 시간은
내게 외로움에 가까운가,
회복에 가까운가?

지적인 사람일수록 늘 감사하는 이유

아무리 사소한 일이라도

계획대로 이루어지려면

수십 수백 번의 행운이 도와주어야 한다.

단 하나만 어긋나도

결과는 쉽게 달라질 수 있다.

실력도 필요하지만,

좋은 결과에는 언제나 운이 섞여있다.

이 사실을 아는 사람일수록

결과를 자기 능력으로만

착각하지 않고 늘 감사해한다.

좋은 일은 당연한 성취가 아니라

우연히 받은 선물이라는 걸 알고 있기 때문이다.

질투하는 사람에게는
어떤 지성도 통하지 않는다

나를 질투한다는 기분이

조금이라도 느껴진다면,

상대가 눈치채지 못할 만큼

서서히 거리를 두는 게 좋다.

아무리 지적으로 대응해도

질투 앞에서는

어떤 말도 힘을 갖기 어렵기 때문이다.

이 사실을 받아들이는 순간

쓸데없는 충돌과 에너지 소모를 멈출 수 있다.

질투를 이기려 하지 않는 것.

그것이 어른의 삶이 시작되는 지점이다.

습관적으로 분노하는 사람에게는
어떤 설명도 필요하지 않다

작은 일에 분노하는 사람은

내면의 크기가 작다는 증거다.

사소한 일까지 모두 설명하려고 하지 마라.

애초에 설명이 통할 정도로

내면이 깊고 탄탄했다면

오해나 분노도 하지 않았을 것이다.

세상에는 피할 수 없이 일어나는 일이 있고,

되돌릴 수 없는 상황도 많다.

그러니 상대를 이해시키지 못했다고

스스로를 탓할 필요는 없다.

내게 주어진 유일한 의무는

나를 굳게 지키는 것이다.

오십 이후에는 구김살 없이
여유로운 표정이 중요하다

나이가 들수록

자기도 모르게 고집이 세지고

주변을 통제하려 들기 쉽다.

몸은 자랐지만 마음은 아직 덜 자랐다는

불행한 신호다.

그래서 오십 이후에는

의식적으로 구김살 없는 표정이 필요하다.

표정이 달라지면 태도가 달라지고,

그 변화가 마음을 조금씩 자라게 한다.

힘들어도 여유로운 표정을 잃지 말자.

대부분의 오해에 크게 반응할 필요 없는 이유

아무리 논리적으로 설명해도

오해하는 사람은

처음부터 오해하고 싶었던 경우가 많다.

어쩌다 생긴 오해가 아니라,

싫은 감정이 쌓여있던 상태에서

마침 좋은 핑계가 생겼을 뿐이다.

그래서 그들의 생각을 바꾸려는 시도는

대부분 헛수고가 된다.

굳이 해명하고 설명하려고 하지 말자.

오해하고 싶으면 오해하도록 두자.

설명하지 않는 선택이 되려 나를 지킬 것이다.

나는 나의 한계를 극복할 수 있다

환경, 학력, 스펙, 재능은

인생을 이루는 재료일 뿐이다.

재료보다 중요한 건

그것을 대하는 마음의 방향이다.

어떤 사람은 그 재료에 묻히고,

어떤 사람은 그 재료를 이용한다.

하지만 어떤 사람은

재료의 한계를 넘어선다.

결국 차이는 마음의 자세에서 생긴다.

나는 주어진 재료에 갇히지 않고

어떤 태도로 살아갈지 선택할 수 있다.

그래서 뭐든 가능하다는 마음을 가지면

나의 한계를 극복할 수 있다.

다이어트 성공률을 극적으로 높이는 법

"나도 모르게 먹었어."

"어쩔 수 없는 상황이었어."

다이어트에 실패할 때 사람들은

자신의 책임이 아니라

상황을 먼저 탓한다.

그러나 책임지지 않은 선택은

결과도 내 것이 되지 않기 때문에

실패를 계속 반복하게 만든다.

세상에 완전히 어쩔 수 없는 상황은 없다.

스스로 조절하고 제어할 수 있다.

"내가 참지 못하고 먹었어."

이 한마디를 솔직하게 인정할 수 있을 때

다이어트뿐 아니라 무슨 일이든 성공에 가까워진다.

삶이 나를 흔들 때 이 사실을 기억하자

인생은 누구에게나 단 한 번이다.

나는 지금도 계속 죽어가고 있고

살아갈 날은 점점 줄어든다.

그래서 감정이 흔들릴 때마다

이 질문을 붙잡아야 한다.

"이 일이 내 인생보다 중요한가?"

"지금 흔들릴 가치가 있는가?"

내 인생보다 귀한 것은 없다.

세상이 나를 흔들 수는 있어도

나만은 나를 흔들지 말아야 한다.

어떤 순간에도 내 마음의 중심을 놓치지 말자.

잘 풀리는 인생은 거절의 빈도가 결정한다

거절이 어려운 건 내 마음이 약해서가 아니다.

삶의 원칙과 기준이

아직 분명하지 않기 때문이다.

분명한 삶의 원칙과 철학이 있는 사람들은

아주 쉽게, 그리고 확실하게 거절한다.

그래서 거절의 빈도가 늘어난다는 건

내가 가진 삶의 원칙과

철학이 빛을 발한다는 것이며

인생이 잘 풀리기 시작했다는 증거다.

무엇을 시작해도 잘 풀리는 사람들은

필요 없는 것 앞에서 분명하게 거절할 줄 안다.

잠들기 전, 예민한 마음을 쉬게 하는 법

예민한 사람은 밤이 되면 더 힘들어진다.

"오늘 혹시 남들에게 피해를 준 건 아닐까?"

"그가 내 말과 행동을 오해한 건 아닐까?"

자리에 누우면 내가 잘못한 말과 부족했던 순간만

자꾸 떠오르기 때문이다.

생각이 많아질수록 잠은 멀어지고,

그 예민함은 다음 날까지 이어진다.

그러니 잠자리에 들면

그날 가장 잘한 일 하나만 떠올리며

짧게 웃고 그대로 눈을 감자.

좋은 기억만 담고 잠을 자야 마음도 쉴 수 있다.

마음에게도 쉴 시간을 허락하자.

분노나 화가 올라올 때,
가장 먼저 하는 행동은 무엇인가?

좋은 마음으로 댓글을 썼다면 그걸로 끝이다

"왜 내 댓글엔 답이 없지?"

좋은 마음으로 댓글을 쓰고도

나도 모르게 반응을 기대할 때가 있다.

그 감정은 상대에게 마음을 의존했다는 신호다.

상대에게 전하고 싶어서 썼다면

그걸로 충분하다.

쓰면 끝이다.

진정한 베풂은 보답을 기다리지 않는 마음이다.

다 잃었어도 뻔뻔함까지 잃지는 마라

세상의 좋은 것들은 얻기보다 잃기가 쉽다.

무언가를 잃는 순간

허탈함과 두려움이 한꺼번에 밀려오고,

마음의 고통은 더 크게 남는다.

성공과 돈, 명예를 갑자기 잃게 되면

기분이 바닥으로 가라앉고

자꾸 고개를 숙인 채 숨어버리고 싶어진다.

하지만 그럴수록 조금은 뻔뻔해질 필요가 있다.

원래 나의 것이 아니었다고 담담하게 생각해 보자.

모든 것을 잃었다고 느낄 때 기운까지 꺼뜨려 버리면

다시 일어설 힘도 함께 사라진다.

다 잃었을 때의 뻔뻔함은

두려움에 잠긴 마음을 건져 올리는

작지만 분명한 희망이다.

더 많이 사랑하고 더 많이 신경을 쓴다는 것

어떤 관계든

더 신경 쓰는 사람이 약자가 되기 쉽다.

더 사랑하는 사람도 마찬가지다.

하지만 우리는

강자가 되기 위해 살아가는 게 아니다.

약해질 수 있다는 걸 알면서도

누군가를 깊이 사랑할 때,

행복이라는 가치를

비로소 손에 쥘 수 있다.

미움받을 용기를 내야

행복해질 수 있고,

약자가 될 용기를 내야

사랑할 수 있다.

나는 좀 더 과감해져도 된다

경쟁자를 떠올리면 괜히 마음이 조급해지고

내가 작아지는 기분이 들 때가 있다.

하지만 차분히 바라보면 그들은 생각만큼 대단하지 않고,

나는 내가 생각한 것보다 더 강하고 단단한 사람이다.

아직 보여주지 못한 재능도 남아있고, 기회도 충분하다.

초조한 마음에 서두르지 않아도 된다.

시간을 들이면 나는 결국 해내는 쪽에 가깝다.

세상은 의외로 허술하고,

내가 쌓아온 시간은

그 틈을 지나기에 부족하지 않다.

불안에 움츠러들기보다

조금 더 과감해져도 된다.

한 번 틀어졌다고 포기하면 안 된다

다이어트, 금주, 금연 등

같은 결심을 계속 되풀이하는 사람이 있다.

그들은 조금 참다가 결국 유혹에 넘어가 버리고

그 실망감에 그냥 포기하고 만다.

그러나 마라톤 경기에서 중간에 넘어졌다고

그 경기를 포기하는 선수는 없다.

넘어진 그 자리에서 새롭게 출발하면 된다.

한 번 마음대로 되지 않았다고 해서

매번 출발선에 다시 선다면

아무것도 제대로 해낼 수가 없다.

실망을 다시 시작할 수 있는 힘으로 바꾸는 것이

진정한 어른의 시작이다.

세상에서 가장 강하고 단단한 사람

자기 일에 몰두하는 사람은

남의 삶을 들여다보며 신경 쓰지 않는다.

자기 일에 대한 믿음이 있으면

누군가의 낮은 평가에도

쉽게 흔들리지 않는다.

거기다 자기 일에 열정까지 지니고 있다면

그 사람은 세상에서 가장 강하고 단단한 사람이다.

믿음은 내 삶의 이력서와 같다

한 사람의 믿음은

그가 지금까지 살아온 삶의 이력서다.

누군가에게 믿음을 준다는 건

내 삶의 이력서를 주는 것과 같다.

함부로 아무에게나 주면

이력서에 심각한 훼손이 생긴다.

믿음은 내 삶의 가치를 알아보는

사람에게만 줘야 비로소 빛을 발한다.

그 가치를 모르는 사람에게 주면

믿음은 빛을 잃고 방황하게 된다.

아무에게나 인생을 맡기지 않듯

믿음도 아무에게나 주면 안 된다.

남 잘되는 것을 잘 볼 수 있어야 한다

남이 잘되는 것을 못 보는 사람이 있다.

그 마음의 밑바탕에는 불안과 비교가 자리한다.

그래서 타인의 성장을

운이나 환경 덕이라고 치부하려 한다.

하지만 남이 잘되는 모습은

외면할 대상이 아니라 살아있는 교본이다.

한쪽 한쪽 차분히 바라볼 때

자신에게 무엇이 부족했는지 비로소 보인다.

질투 대신 관찰을 택하자.

남의 성공을 감사한 마음으로 바라보며

어디서도 못 배울 지식을 얻어보자.

하나라도 웃으며 자랑할 수 있어야 한다

웃으며 하는 자랑은 나쁜 것이 아니다.

조금은 쑥스러운 표정이지만

누구보다 기쁘게 웃을 수 있다는 건

그만큼 오랫동안 분투해 왔다는 증거다.

웃으며 꺼낼 이야기가 없다는 건

스스로 시작해 끝까지 가본 일이

아직 없다는 뜻일 수도 있다.

나는 웃으며 자랑하는 사람들을 좋아한다.

그들은 누구보다 근사한 꿈을 품고,

그 꿈을 이루기 위해 귀한 땀을 흘렸던 사람이다.

하나라도 기쁜 마음으로 꺼낼 수 있는

행복한 이야기가 있는 뜨거운 인생을 살자.

나는 나를 다 쓰고 떠날 것이다

많은 사람이 자기도 모르게

다른 사람의 인생을 살며

자신의 귀한 재능과 시간을 흘려보낸다.

인생에서 중요한 건 나로 사는 것이다.

나는 나를 다 쓰고 떠나야 한다.

남이 잘하는 건 그의 몫으로 두고,

나는 내가 잘하는 일에 열정을 쏟으며

남김없이 재능을 다 쓰고 살아야 한다.

왜 귀한 능력을 아껴두려고 하는가.

내 방식으로 도전하고

내 방식으로 해결할 때,

그 끝에서 더 깊어진 나를 만날 수 있다.

내 감정을 좀 더 성숙하게 대하기 위해
오늘 내가 선택할 태도는 무엇인가?

세상에서
가장 조용한 기쁨

여기까지 이 책을 읽었다면, 이제는 깨달았을 것이다. 감정과 기분, 태도를 다루는 삶이 얼마나 많은 소음을 줄여주는지를. 글을 쓰고 읽고 필사하는 삶을 살게 되면, 사람을 만나서 자신과 직접적인 상관도 없는 타인의 삶에 대해 이야기하는 일이 점점 줄어든다. 누군가를 비난하거나 평가하며 기분을 소모하는 대화에서도 자연스럽게 멀어진다. 대신 오직 하나, 내가 어떻게 살고 있는지에 대한 이야기만 남는다.

필사는 감정을 정리하는 일인 동시에, 기분을 다듬고 태도를 바로 세우는 시간을 선사한다. 아무리 반복해도 마음을 해치지 않는 문장을 내 안에 쌓아두면, 기분은 덜 요동치고 태도는 훨씬 안정된다. 이것이 글을 쓰고 책을 읽으며 필사하는 삶이 주는 힘이다. 유해한 말들에서 벗어나,

무해한 언어를 곁에 두는 삶. 그것이 바로 세상에서 가장 조용한 기쁨이다.

눈앞에 펼쳐진 모든 순간은 당신을 위해 준비된 삶의 재료다. 감정은 피해야 할 대상이 아니라 이해해야 할 신호이고, 기분은 관리해야 할 대상이며, 태도는 매일 새롭게 선택할 수 있는 삶의 자세다. 이 책에서 만난 문장들이 당신의 하루를 더욱 평온하고 근사하게 만들어주길 진심으로 바란다.

어른의 감정을 돌보는 100일 필사 노트

1판 1쇄 인쇄 2026년 3월 18일
1판 1쇄 발행 2026년 4월 8일

지은이 김종원
펴낸이 고병욱

기획편집2실장 김순란 **책임편집** 권민성 **기획편집** 조상희
마케팅 안선욱 황혜리 황예린 권묘정 이보슬 **디자인** 공희 백은주
제작 김기창 **관리** 주동은 **경원지원** 노재경 송민진

펴낸곳 청림출판(주)
등록 제2023-000081호

본사 04799 서울시 성동구 아차산로17길 49 1010호 청림출판(주)
제2사옥 10881 경기도 파주시 회동길 173 청림아트스페이스
전화 02-546-4341 **팩스** 02-546-8053

홈페이지 www.chungrim.com **이메일** life@chungrim.com
인스타그램 @ch_daily_mom **블로그** blog.naver.com/chungrimlife
페이스북 www.facebook.com/chungrimlife

ⓒ 김종원, 2026

ISBN 979-11-93842-66-9 03190